PARIS-EN-VOYAGE

PAR

LES AUTEURS DES MÉMOIRES DE BILBOQUET

Prix : 50 centimes

PARIS. — 1854
LIBRAIRIE D'ALPHONSE TARIDE
GALERIE DE L'ODÉON

PARIS-EN-VOYAGE

Les droits de traduction et de reproduction sont réservés

Imprimerie de Ch. Lahure (ancienne maison Crapelet)
rue de Vaugirard, 9, près de l'Odéon.

PARIS-EN-VOYAGE.

I.

Prolégomènes.

Les vacances ! c'est le moment où Paris est partout, excepté sur le boulevard, aux Champs-Élysées ou au bois de Boulogne. C'est l'époque de l'année où les chroniqueurs de tous les journaux et de toutes les revues se croient forcés d'aborder, plume en main, l'importante question de la villégiature; toutes les lettres de l'alphabet sont à la campagne, en voyage ou aux eaux.

La spirituelle Mme A... est dans son château à tourelles, sur les bords de la Loire.

La belle Mme B... est dans son ermitage, sur les rives de la Seine.

L'incomparable Mme C...; la séduisante Mme D...; la charmante Mme E...; la divine Mme F... sont toutes sur des rives ou sur des bords quelconques. Un château sans bords et sans rives fait le plus déplorable effet dans le paysage d'une chronique.

Le château peut être gothique, italien, rond, carré, triangulaire; il peut même à la rigueur n'être qu'un moulin à vent ou une cabane, mais il lui faut absolument une rive.

II.

La vie à la campagne.

Avant d'aborder la grande question des vacances, finissons-en, une fois pour toutes, avec les douceurs de la vie agreste, chantée sur tous les tons par les Tityres de la propriété parisienne.

La vie de campagne, avec ses splendeurs idéales, sa magnifique hospitalité, son aimable laisser aller, n'existe plus chez nous depuis une vingtaine d'années.

On n'a jamais plus parlé qu'aujourd'hui d'ombrages, de villégiature, d'aspirations champêtres, de calme champêtre, de repos champêtre; mais disons-le une bonne fois en simple prose, Paris ne va plus à la campagne que pour faire des économies.

Les longues promenades à vingt personnes, les parties dans les bois, les décamérons joyeux, les charades improvisées le soir entre deux paravents, les parcs pleins d'éclats de voix, les galantes aventures, ces fleurs qui naissent d'elles-mêmes dans le parterre de l'intimité, tout cela ne se retrouve plus que dans les histoires des romanciers et dans l'imagination complaisante des poëtes.

On a tenu table ouverte pendant huit

mois, on a eu trois chevaux dans son écurie, on a acheté un cachemire de mille écus, et le budget de l'année est écorné; on tourne alors ses regards vers la maison de campagne comme vers le port de l'économie domestique; on part, on est parti.

Il y a bien encore, il est vrai, quelques personnages très-riches qui font de leur château un caravansérail ouvert à leurs amis, mais ils ne savent ni les amuser ni même les distraire.

Quand M. Aguado avait Petit-Bourg, ce seigneurial domaine, qui est devenu, je crois, un établissement agricole, châtelain, châtelaine et invités s'ennuyaient si cordialement sous les lambris et les verts ombrages du financier, que pour jeter un peu de distraction dans cette vie monotone, on n'avait rien trouvé à faire de mieux que d'avancer le dîner d'une demi-heure, afin de pouvoir assister au passage de la diligence, qui faisait, chaque soir, son apparition sur la grande route, vers sept heures et demie.

Aussitôt le dîner fini, on se mettait en marche; on faisait une demi-lieue et là on attendait l'événement.

Le grand bonheur était de constater l'heure précise du passage de la guimbarde.

— Elle est en retard de cinq minutes sur hier, disait quelqu'un, nous verrons si demain elle sera en avance.

Et l'on reprenait le chemin du château.

— C'est notre spectacle de chaque soir, disait un jour M. Aguado à un visiteur.

Voyez-vous d'ici ces habitués des Bouffes et de l'Opéra, se donnant tous les jours et à heure fixe l'âcre volupté de voir passer une diligence.

III.

La petite propriété parisienne
à la campagne.

Si vous visitez les environs de Paris pour faire l'acquisition d'une maison de campagne ou pour passer tranquillement vos vacances, Montmorency vous offrira des ermitages à la Jean-Jacques; Enghien, des myriades de chalets suisses, véritables nids à rhumatismes; Ville-d'Avray, des villas microscopiques, bâties pour des habitants de Lilliput; Brunoy, des maisons carrées, qui ressemblent aux casernes de la gendarmerie départementale.

Le bourgeois parisien a, comme chacun sait, une passion féroce pour la villégiature.

Si un commerçant consent à vivre pendant trente années dans cette cave qui s'appelle l'arrière-boutique, c'est uniquement pour pouvoir aller passer six mois de l'année, après la liquidation de son commerce, dans un vide-bouteille quelconque ombragé de trois pommiers et entouré d'une plate-bande de légumes.

Devenu propriétaire, le bourgeois oublie le madapolam ou l'alcool qui a fait sa fortune et ne parle plus que de la beauté de ses choux, de l'excellence de ses haricots et de la supériorité de ses navets.

Le bourgeois villégiateur aime qu'on lui fasse visite, à la condition que la visite ne se prolongera pas jusqu'au repas. Il fait les honneurs de ses richesses floréales et végétales, mais il retient rarement le visiteur à dîner.

Les chemins de fer ont forcé le petit propriétaire parisien à transporter jusque dans le département de la Marne ou du Loiret ses champêtres pénates.

Les trains de plaisir parisiens lui amenant chaque jour, une dizaine d'affamés, Cincinnatus a quitté la banlieue.

J'en ai connu un qui profitait du dimanche pour venir se promener en famille à Paris.

Avant de quitter sa villa il avait soin de crayonner sur sa porte ;

Ceux qui viennent me voir me font honneur,
Ceux qui ne viennent pas me font plaisir.

IV.

Le chasseur.

Nunc est pulsanda tellus. Frappons la terre d'un pied libre ; telle est la romance que chantent à l'époque des vacances les austères magistrats, les rigides professeurs, les avocats, les étudiants, les écoliers, toute cette foule qui aspire à oublier pendant deux mois le bruit de Paris, le trottoir de Paris, la boue de Paris, la vie de Paris. Ils s'en vont ceux-ci aux eaux, ceux-là aux bains de mer; ceux-là en voyage sur les bords du Rhin, ceux-là à Naples, à Florence, et quelquefois à Bougival.

Parmi tous ces personnages, il faut distinguer le chasseur, qui depuis deux mois ne rêve plus que de lièvres et de perdreaux. Il y a quinze jours au moins que son port d'armes est en règle. Il fait jouer la batterie de son fusil, parle à son chien, fait coudre les boutons qui manquent à sa veste de chasse, et quand le grand jour de l'ouverture a lui, il est à son poste dès quatre heures du matin.

On a beaucoup trop abusé depuis une

vingtaine d'années de la plaisanterie du bourgeois parisien se lançant dans la plaine Saint-Denis à la poursuite d'un gibier fantastique et rentrant le soir la carnassière bourrée de lapins achetés à la Vallée.

Le chasseur de la plaine Saint-Denis est une caricature charbonnée par un vaudevilliste en belle humeur.

Les campagnes qui avoisinent Paris sont giboyeuses ; ainsi on trouve des perdreaux, des lapins et des faisans sur la lisière du bois de Saint-Germain. Ce sont des transfuges du domaine impérial. Les grives et les perdreaux se rencontrent encore dans les bosquets de Montaigu, les vignes de Fourqueux et de la vallée de l'Étang, voisines de Marly ; au nord du bois du Vésinet, vous trouverez le lapin en abondance. La vallée de Bièvre fournit la sauvagine ; l'alouette abonde dans les plaines de Lonjumeau. Quant au bécasseau, il foisonne dans les parages qui s'étendent de Maisons à Poissy.

Je n'en finirais pas, s'il me fallait faire la nomenclature de toutes les richesses cynégétiques du département de la Seine.

Et cependant le chasseur, le vrai chasseur ne recule plus, depuis l'établissement des chemins de fer, devant un parcours de quatre-vingts lieues. Au mois de septembre, on rencontre des Nemrods en guêtres de cuir à tous les embarcadères, et qui vont tuer, ceux-ci les lièvres de la Touraine, ceux-là les perdrix de la Saintonge.

Le chasseur parisien assiste dans la même saison à six ou sept ouvertures différentes; il tue aujourd'hui à Melun, il tuera demain dans Seine-et-Oise, après-demain il massacrera dans Eure-et-Loir. Trois jours plus tard, c'est encore le chasseur parisien qui ouvrira la chasse dans le Maine ou dans l'Anjou.

Ce diable d'homme-là est décidément un grand chasseur devant Dieu !

Pour prouver à ses amis qu'il a été triomphant, il leur expédiera des bourriches de tous les points du globe où il a tiré un coup de fusil.

Le chasseur parisien a dans les premiers jours une ardeur qui fait sourire ses confrères de la province.

A une ouverture de chasse, c'est lui qui sera toujours le premier levé, le plus correctement habillé, *secundum formulam*, le premier prêt; c'est encore lui qui sera en avant de tous les autres, qui ajustera la première pièce, qui tuera le premier lièvre ; mais deux jours après, ses compagnons départementaux le trouveront peut-être occupé à lire un journal derrière un buisson, pendant qu'eux seront dans toute la fougue de l'action.

Même au beau milieu des plaines de la Sologne, le chasseur parisien a des souvenirs de boulevard, des réminiscences de club, des préoccupations de Bourse, *reminiscitur Argos.*

Quand il reviendra à Paris, il racontera ses prouesses à sa femme, à ses enfants, à ses amis, à ses connaissances, au cercle, à tout le monde, et pour peu qu'il ait la manie de l'écritoire, il enverra le récit de ses coups doubles au *Journal des Chasseurs.*

V.

Quelques réflexions.

Autrefois on allait en Italie, aujourd'hui on va se promener sur les bords du Rhin.

L'Allemagne occidentale, composée d'un petit morceau de la Prusse, d'un petit morceau de la Hesse, d'un petit morceau de Nassau, d'un petit morceau du duché de Bade, tient aujourd'hui dans l'estime des promeneurs désœuvrés la place que tu occupais naguère,

.....Italie,
Messaline en haillons, sous les baisers pâlie.

Depuis quelques années donc, le touriste parisien a adopté le refrain du poëte Kœrner : au Rhin ! au Rhin !

Grâce à la subite passion des voyageuses élégantes pour l'archéologie, cette science du flâneur; grâce enfin aux bateaux à vapeur des compagnies de Dusseldorf et de Cologne, le vieux fleuve franco-allemand, couronné de pampres et de ruines, est devenu une rue moins bien alignée, mais plus grande encore que la rue de Rivoli.

Montez sur un Dampeschiff (c'est ainsi que nos voisins d'outre-Rhin appellent un paquebot) et descendez seulement de Mayence à Cologne; pour peu que vous vous arrêtiez à Coblentz, à Bonn et à deux ou trois stations célèbres, vous rencontrerez, ô Parisiens de Paris et des départements, vous rencontrerez, dis-je, dans ce parcours de quarante-cinq lieues, des exemplaires du monde entier reliés en drap d'Elbeuf :

Des Suédois, des Espagnols, des Américains, des Belges, voire des Allemands et surtout des Anglais, des étudiants, des agents de change, des joueurs qui vont à Hombourg, des lorettes qui reviennent de Bade, des malades millionnaires qui se rendent à Ems, des professeurs d'Iéna, des dandys à la recherche d'une Marguerite de Cursaal, quelques Werthers de province, beaucoup d'officiers prussiens et aussi des princes de la Confédération germanique.

Je vous défie de faire trois pas sur les bords du Rhin sans mettre le pied sur un potentat.

Un jour que j'étais à Francfort, j'ai cru pendant dix minutes que l'hôtel de Russie était tout simplement cette hôtellerie de Venise dont parle Voltaire.

Il y avait là deux ou trois rois et trois ou quatre ducs, grands-ducs ou archiducs.

J'ignore encore si le roi des Polacres était de la partie, toujours est-il que mon compagnon de voyage et moi ne revenions pas de cette profusion de têtes couronnées, et que toutes les fois que nous rencontrions quelqu'un nous étions tentés de lui dire :

« Je ne sais, monsieur, si vous êtes roi, mais, je vous assure que ni Martin ni moi ne le sommes. »

VI.

Sur la grande route.

Voilà donc notre touriste parisien parti par le chemin de fer du Nord, jetant un dernier regard sur ces environs de Paris, qu'on viendrait visiter de bien loin s'ils n'étaient si près de la grande ville.

Dans cette contredanse fantastique qu'exécutent pour le voyageur lancé comme une flèche, les arbres, les champs et les maisons, il voit figurer tour à tour au quadrille Saint-Ouen, Saint-Denis, Enghien, Montmorency.

Pontoise, malgré sa prosaïque renommée glisse devant lui blanche et voilée à demi comme une cité italienne. Combien de villes adoptées par la mode, vantées par le portfolio, illustrées par la gravure et qui ne te valent pas, ô grand étal de la population parisienne!

Le soir venu, notre touriste en vacances souhaite une bonne nuit au paysage, et pour peu que son passe-port soit en règle, il ne se réveillera plus qu'avec l'aurore du lendemain à Bruxelles.

VII.

Un mot au lecteur.

Je suppose que j'ai affaire à un voyageur intelligent.

Il ne lui faut que deux heures pour voir Bruxelles.

Bruxelles est une ville de province élevée à la dignité de capitale.

Quand le touriste parisien a visité Sainte-Gudule et la place de l'Hôtel-de-Ville, la plus belle place peut-être qui existe en Europe, il ne rencontre plus dans les rues, les magasins, les galeries de la cité bruxelloise que la contrefaçon de Paris.

Alors il fait un crochet et en deux tours de roues il est à Anvers.

Si j'avais l'honneur d'appartenir à l'école descriptive, quels superbes escadrons d'adjectifs, ô infortuné voyageur parisien qui m'as choisi pour cicerone, je pourrais faire caracoler sous tes yeux à propos des maisons gothiques ou florentines échelonnées dans toute la Belgique, depuis Bruxelles jusqu'à Bruges !

Tout ce luxe de balustres, de cadres fouillés et touffus, de colonnes trapues, de bossages vermiculés, de chapiteaux, de femmes de pierre à gorge aigue et terminées en queue de serpent, produit un merveilleux effet dans la truculente architecture du style.

Malheureusement on a tellement bouleversé de fond en comble, depuis une vingtaine d'années, les cathédrales et les demeures historiques, que le moment doit être venu de laisser quelque repos à ces pierres respectables. D'ailleurs, la photographie n'a-t-elle pas tué le croquis à la plume? Appelez donc à votre aide tous les mots du dictionnaire pour faire la description de tel ou tel monument, quand le premier venu peut en demander une copie à cet artiste qui s'appelle le soleil!

On ne va décemment à Anvers que pour voir les Rubens et le Riddeck.

Le Riddeck, c'est la danse échevelée du triton et de la néréide.

Le Riddeck tient ses assises dans un assez vaste quartier qui avoisine le port. Ce quartier, vous n'avez pas besoin de demander où il se trouve. Quand le soir arrive, prêtez l'oreille et le son du fifre, du violon et du tambourin vous dirigera dans ces rues sinueuses gardées à leur issue par une espèce de gardien de ville, chargé d'en défendre l'entrée aux profanes, je veux dire aux soldats de S. M. Léopold. Le touriste pénètre dans une vaste salle où il voit tourbillonner à travers la fumée des lampes, de la pipe et du cigare, une cohue de dieux marins en vareuses rouges et de déesses en costumes pittoresques.

Il ne faut pas avoir le nerf olfactif trop délicat, sous peine d'être asphyxié par une odeur incongrue de tabac, de bière, d'eau-de-vie et de morue sèche. La morue découpée, les œufs durs et les pommes crues, tel est, en effet, le grand régal des dames de l'endroit, le tout arrosé de faro et de lambic.

Parmi les femmes, on remarque les Frisonnes, grandes blondes aux dents blanches, aux bras blancs, aux lèvres roses, portant d'un air fier leur diadème de lames d'or. Presque toutes sont venues de Rotterdam, d'Amsterdam, de la Haye, de Berg-op-Zoom, de la Frise. Elles sont, pour la plupart, filles de matelots et elles passent leur jeunesse à danser avec les matelots. Quand résonne l'archet, vareuses rouges et robes de percale blanche se précipitent à l'envi, solidement enlacées, dans ce tourbillon qui emporte quelquefois les chaises et les tables chargées de pots de bière. Quel bataillon résisterait au choc de ces hommes robustes et de ces filles athlétiques? et comme le spectacle de la force musculaire équilibrée entre ces tritons et ces sirènes aurait réjoui l'âme de ce grand perfectionneur de la race humaine qui s'appelait Frédéric II !

Dans les rues voisines, notre flâneur parisien rencontre aussi des maisons à l'aspect calme et posé et qui se distiguent par des carreaux de couleur aux fenêtres. Dans ces établissements interlopes, le garçon qui sert le public est inconnu ; les Ganymèdes à gages fixes y sont avantageusement remplacés par des Hébés en riche et galante tenue. Il y a là des commerçants, des bourgeois honorables qui se connaissent et qui causent avec la sereineté de gens qui ont touché leurs rentes ou fait honneur à leur signature. La plaisanterie n'est guère plus grosse là qu'ailleurs, et, n'étaient les femmes qui entrent et qui sortent, qui vont et qui viennent la chevelure au vent, le sourire aux lèvres, les roses sur le sein, projetant une lueur d'animation sur ce fond d'habits noirs, on se croirait dans le plus ordinaire des estaminets.

VIII.

En chemin de fer.

Assez causé comme cela. Notre touriste parisien se dirige à toute vapeur vers les bords du Rhin. Le voilà qui traverse le pays wallon. Il est dans la vallée de la Vesdre, au milieu de la nature la plus abrupte et en même temps la plus luxuriante. Le directeur de l'Opéra commanderait à MM. Feuchère et Desplechins un de ces vastes panoramas mobiles qui se déroulent sous l'œil du spectateur, que ces deux artistes, les maîtres du genre, ne parviendraient pas à accumuler sur leur toile tous ces aspects divers, tous ces rapides contrastes de ruisseaux jaseurs et de roches escarpées, de mamelons dénudés et de fraîches prairies. Voici des maisons tapissées de mousse ou de chèvrefeuille, des lacs découpés en miroirs; le houblon grimpe sur les hauts treillages et rappelle à distance les pampres d'Italie. Couchés dans leurs pâturages bordés de genêts d'or, les bœufs se réveillent au sifflement de la machine et tournent leurs grands yeux ronds vers le monstre qui mugit. Tout à coup, plus de lacs, plus de prés verts, plus de maisons souriantes; des crêtes chauves, des pics qui surplombent des monts noirâtres, et sur ces monts un vieux pan de masure qui joue la ruine. C'est ainsi que le paysage, coupé comme un rêve, vous ballotte de la colline au vallon, du jour à la nuit, et vous conduit jusqu'à Liége, la patrie de Grétry et de l'*Almanach boiteux*.

Verviers franchi, le touriste est bientôt à Herbesthal. Là un poteau rayé diagonalement de blanc et de noir et un soldat coiffé d'un casque en cuir, surmonté d'une pointe de cuivre, lui apprennent qu'il entre sur les États de S. M. le roi de Prusse. Le paysage rhénan, moins accidenté que la vallée de la Vesdre, est charmant encore : c'est la Normandie, mais une Normandie plus abrupte et mieux éclairée. A Aix-la-Chapelle une visite au tombeau de Charlemagne, et l'on reprend le chemin de fer jusqu'à Cologne.

Le premier spectacle qui frappe le touriste parisien en arrivant à Cologne, c'est le Rhin; il est là devant lui fier et superbe, sillonné par les bateaux à vapeur et les trains de bois qui descendent à Rotterdam, transportant toute une population; il se dirige ensuite vers la cathédrale, qui porte toujours à son sommet inachevé la grande grue symbolique. Hélas! il ne faut plus guère que quinze millions pour achever cette gigantesque église, mais c'est une église. Ah! si c'était un chemin de fer!

Du haut du dôme, le voyageur aperçoit, à deux ou trois lieues, sur la rive gauche du Rhin, Mueilheim, sentinelle avancée de la Westphalie; Dusseldorf, la ville des artistes; puis une quantité de petits villages aux maisons peintes, et qui semblent fraîchement sorties d'une boîte de Nuremberg; de l'autre côté, Bonn et ce nid de merveilleuses légendes qui s'appelle les Sept-Montagnes; au pied du dôme, les maisons à toits pointus apparaissent comme des capucins de cartes rangés en bataille par la main d'un enfant.

Cologne est curieuse à visiter, comme toutes les vieilles cités. Mais c'est une ville triste, chagrine, à qui manque la vie d'autrefois. Dans les quartiers éloignés, ce ne sont que grands jardins, vastes cours, sur l'emplacement desquels des cloîtres s'élevaient jadis; le vide est partout. Ce n'est plus que l'ombre de cette grande ville ecclésiastique autrefois si vivante. Dans les rues éloignées du centre, on ne voit échelonnées de distance en distance, que les sentinelles prussiennes qui montent silencieusement la garde dans des guérites zébrées de bandes noires et blanches.

IX.

En bateau à vapeur.

Il est cinq heures du matin, ô touriste parisien, la cloche du dampschiff jette au vent ses dernières volées. L'avant du bateau est encombré de colis, de malles et de paysans riverains qui descendront aux prochaines escales ; à l'arrière le bataillon des touristes, des voyageurs valétudinaires, des femmes en peignoir blanc et la tête ombragée d'un vaste chapeau de paille. Chacun prend ses aises et s'établit confortablement comme s'il s'agissait d'une traversée de trois semaines; on s'arrache les pliants en forme d'X. Voici une dame artiste, quelque Parisienne sentimentale, qui place son album sur ses genoux, taille ses crayons, et se dispose à prendre au vol le croquis des points de vue célèbres; un enthousiaste tire de l'étui un formidable télescope qu'il monte sur un trépied; l'instrument préparé, notre homme remet ses gants, allume un cigare et attend la ruine. Plus loin, c'est une famille qui étale sur une table toute une bibliothèque : *le Rhin* de Victor Hugo, contrefaçon belge; le *Guide-Richard*, avec plans, cartes et gravures.

Tout le monde est dans l'attente du panorama et se prépare à l'admiration. Tout à coup la vapeur soulève les grands bras de la machine, le bateau part comme une flèche, et au bout de quelques minutes Cologne n'apparaît plus que comme un grand arc dont le Rhin est la corde.

Une demi-heure ne s'est pas écoulée sans que des exclamations de dépit ou de désappointement aient éclaté du milieu des groupes composés de Parisiens ou de Parisiennes. Tel personnage qui suit ligne pour ligne le *Guide-Richard* reste confondu en voyant une vallée là où il cherchait une montagne. Voici l'explication de ce phénomène. Le *Guide* a été rédigé pour les voyageurs qui descendent le fleuve; ceux qui le remontent, perdus aux milieu de tous les noms barbares, ne peuvent plus retrouver le fil conducteur et sont à chaque instant exposés à prendre un village pour une cathédrale et le *Guide* pour un mystificateur.

X.

Impressions de voyage.

Le Parisien débarque à Bonn tout plein des souvenirs de Drusus Germanicus, et il tombe au milieu de chalets suisses, de maisons peintes, de jardins anglais, d'habitations en carton-pierre qui bordent des rues tirées au cordeau. C'est Enghien moins le lac. Il va admirer sur la promenade les filles du Rhin à la taille élancée qui se croisent avec les officiers prussiens sanglés comme des femmes, et les étudiants aux cheveux blonds, coiffés d'une casquette rouge et portant, en guise de badine, leurs longues pipes à fourneau de porcelaine. Tous les visages respirent cet air de bonhomie qui charmait tant Mme de Staël. L'atmosphère est imprégnée de bouffées de tabac et de soupirs. Jeunes filles et jeunes gens échangent un regard en se croisant dans ces longues allées de châtaigniers où les sentinelles prussiennes sont avantageusement remplacées par des déesses mythologiques qui sourient du haut de leur piédestal.

Au bout de six mois tous ces amoureux ont fait cent lieues de promenade et le roman n'est guère plus avancé que le premier jour. Le sentimentalisme allemand voyage à petites journées comme la *flirtation* anglaise. Voyez là-bas, à l'écart, ce Werther blond, qui se cache derrière un arbre pour mieux contempler Charlotte pendant que son ami Faust aligne des escadrons de strophes en l'honneur d'une Marguerite idéale. Il est vrai que tout à l'heure, quand la nuit sera venue, Faust et Werther iront noyer leur mélancolie dans les pots de bière du gasthaus le plus voisin. On danse dans le jardin d'une *Restauration* située à vingt pas du collége. Anges du ciel! rien ne vous empêche de descendre des demeures célestes et de contempler ce tableau champêtre! L'étudiant confie sa pipe à un ami éprouvé, puis il s'avance en rougissant vers une jeune fille, lui prend le bout des doigts et reste auprès d'elle sans dire un mot. L'archet résonne, la valse commence, le tourbillon dure trois minutes, après quoi valseur et valseuse se font un grand salut et se séparent; celle-ci s'assoit sur sa chaise, celui-là retourne à son cruchon de bière. Et le touriste s'aperçoit qu'il est bien loin de Paris, bien loin de la Chaumière, bien loin de Mabille, du Ranelagh et de tous ces établissements où règne la souveraine française, la Terpsychore échevelée.

En quelques heures on est à Coblentz. Vu le soir des remparts de Coblentz, le Rhin prend un aspect tout nouveau ; la Moselle, en se jetant dans le fleuve, bat ses flots, les presse, les précipite et accélère le courant déjà si rapide. Le bac passe des chevaux et des voitures qui disparaissent bientôt dans l'ombre, et une petite lueur placée en haut du mâtnage seule à la surface des vagues et semble une étoile tombée du ciel : pas de bruit autre que le murmure du Rhin ne trouble cette grande plaine liquide encaissée entre des montagnes dont les silhouettes gigantesques se découpent en arêtes aigues et figurent un peigne ébréché. Tout à coup des cors de chasse retentissent du côté d'Ehrenbreistein, les fanfares répercutées par le Pétersberg promènent leurs notes décroissantes de ravin en ravin, après avoir éclaté comme un tonnerre dans tous ces Etnas. Ce sont les hôteliers du *Cheval blanc* et du *Roi de Prusse* qui, pour complaire aux voyageurs font travailler l'écho du Rhin, cet écho sonore, triste et railleur qu'on retrouve aussi plus loin, à Lurley et à Saint-Goar.

C'est à partir de Coblentz que le Parisien, celui qui n'a jamais vu que la Seine et la Loire, est vraiment ravi; le Rhin ne commence à émerveiller que depuis Coblentz jusqu'à Mayence. Dans ce parcours d'une trentaine de lieues, il va, il vient, il se démène au milieu d'une nature tourmentée, volcanique, tantôt large comme une mer, tantôt resserré entre deux montagnes qui l'étouffent. De chaque côté, des monts sourcilleux, des pics inaccessibles couronnés de burgs, de ruines, de nids de vautours. La vigne, qu'on dirait cramponnée aux rochers, couvre le flanc des deux rives; puis au pied de ces mamelons, des villages riants ombragés d'aunes qui se regardent dans le miroir du fleuve. Ce sont deux spectacles différents, deux natures, deux contrastes; en haut le rocher, la ruine, un monde disparu. En bas, la maison qui sourit, le jardin qui embaume, le mouvement et la vie.

Cet enchantement ne cesse qu'au Johanisberg, lorsque Mayence est déjà en vue. A ces nobles ruines du passé succèdent tout à coup la propriété moderne. On passe sans transition du bourg de Hahenkrachen à la maison de campagne d'un banquier; on passe du moyen âge à M. de Metternich. Le château du prince diplomate est une sorte de villa blanchâtre dans le goût italien. Le produit de ce coteau célèbre est estimé, année commune, à 80 000 florins. Qu'on se rappelle en passant devant ces vignes si vantées, le mot de Henri Heine : « Si j'avais la foi catholique, cette foi qui enlève les montagnes, je me contenterais d'enlever cette petite colline qu'on nomme le Johanisberg. »

S'il met le pied sur le territoire de

Nassau, notre touriste se croira transporté dans un pays des contes de fées. Tout y est peigné, attifé, cravaté. Dans les villages comme dans les villes, ce ne sont que maisons peintes en rose, rues alignées comme des soldats prussiens, routes sablées et ratissées, arbres taillés et frisés à la dernière mode. La nature semble fraîchement rasée comme un jeune marié de ce matin. On est tenté de chercher à l'horizon ces montagnes de nougat et ces collines de sucre candi dont parle Fénelon dans la description qu'il fait de l'île des Plaisirs. Le prince Adolphe, que ne préoccupe pas la question d'Orient, ne songe qu'à embellir son duché, qu'à l'orner et à le parer. Il y a rivalité sous ce rapport entre le duc de Nassau et le grand-duc de Bade.

C'est entre ces deux potentats une

perpétuelle émulation de festons et d'astragales. Le duc Adolphe IV apprend-il que son voisin de Bade vient de faire bâtir une station de chemin de fer en forme de chalet suisse, vite il répond par une station dans le style chinois; Bade a la Conversation, mais Wiesbaden a le Cursaal.

La première de ces deux villes cite avec orgueil la jolie promenade de Lichtenthal, mais la seconde répond par la promenade de Biébrich qu'arrose le Rhin.

C'est à qui fera le plus de frais pour les étrangers, à qui attirera le plus de monde dans son caravansérail. Quand le comte de Chambord était à Wiesbaden en 1850, quelqu'un demandait à un personnage de cette capitale s'il ne craignait pas que le pèlerinage provoqué par la présence du prétendant, ne compromît le duc de Nassau auprès du gouvernement français?

— Nous ne sommes pas des hommes politiques, répondit ce spirituel fonctionnaire, nous sommes des restaurateurs.

Cependant Wiesbaden et Bade, malgré la concurrence qu'elles se font sous le rapport de la toilette, ont une physionomie bien différente.

On retrouve à Bade tout le boulevard des Italiens, les femmes vaporeuses avec lesquelles on a valsé l'hiver dernier, et les jeunes gens contre lesquels on a parié à la dernière partie d'écarté. La promenade de Lichtenthal est une sorte de Longchamp parisien. A Bade, on joue beaucoup et on ne se baigne pas; à Wiesbaden, au contraire, on joue assez peu et on boit énormément d'eau chaude. On ne fait que passer à Bade, mais on reste toute une saison à Wiesbaden. Il y a même un assez grand nombre de familles anglaises et françaises qui demeurent pendant toute l'année dans cette dernière ville. Bade est le salon d'été de Paris; Wiesbaden est surtout fréquenté par les Allemands.

Un dimanche de l'été dernier, j'arrivai à Bade le jour anniversaire de la fête du duc Adolphe. Le tambour battait à fendre les oreilles, dans cette petite ville ordinairement si calme. Les routes de Biébrich, de Schwalbach, de Schlanyenbdad, étaient encombrées de paysans et de paysannes accourues pour assister à la revue. Les femmes de la campagne ont un costume très-pittoresque : jupe noire à grands plis, corsage très-échancré avec des manches de chemise demi-longues, mitaines en filet noir; le corsage et la jupe sont brodés d'arabesques dorés; les jeunes filles portent les cheveux relevés par devant, et en chignon par derrière; elles se coiffent d'un serre-tête en filet qui sied admirablement. Je remerciai intérieurement le duc de Nassau dont la fête amenait ce jour-là à Wiesbaden les plus jolis exemplaires de sa principauté.

Le duc Adolphe se tenait à cheval devant la colonnade du Cursaal; il passait en revue toute son armée. Il y avait bien là de sept à huit cents hommes, sans compter l'état-major : six compagnies d'infanterie et deux batteries d'artillerie, de cavalerie point; les officiers de l'infanterie sont à cheval, ce qui leur permet de n'être pas confondus avec les simples soldats. Après la revue, le défilé commence : chaque compagnie passe l'arme au bras; les deux batteries d'artillerie viennent les dernières. Je croyais naïvement qu'après l'artillerie il ne me restait plus rien à voir ; mais je n'étais pas au bout du spectacle ; je vis revenir mes fantassins ; seulement, cette fois, ils présentaient les armes en passant. Cinq minutes après, ils revenaient encore et défilaient gravement comme s'ils n'avaient pas déjà défilé deux ou trois fois.

Cette parade dura une grande heure et demie, le duc de Nassau ne se lassant pas de saluer chaque compagnie et chaque compagnie ne se lassant pas de défiler, si bien que si le prince l'eût absolument exigé, cet interminable défilé durerait encore à l'heure qu'il est.

A l'aide de cet ingénieux procédé, qu'on emploie également dans la principauté du Cirque olympique, le duc de Nassau peut se donner sans trop d'efforts ni d'argent la flatteuse illusion d'une armée de 60 000 hommes.

Une fois à Mayence, le voyageur quitte le parcours du Rhin ; il se rend à Francfort, à Hombourg, à Heidelberg, à Carlsruhe.

Au premier aspect, Mayence ressemble à une vieille cité du midi de la France. Sur vingt maisons, quinze ont une vierge en bois ou en plâtre magnifiquement parée. On voit à Mayence comme à Aix, comme à Arles des Notre-Dame à tous les coins de rue avec des robes de satin', des voiles de dentelle et des manteaux de velours. Les Mayençais sont hospitaliers et amis du plaisir. Célibataires et pères de famille se donnent chaque soir rendez-vous pour boire de la bière, fumer et causer. Il y a aussi un assez grand nombre de réunions où le thé est servi par la maîtresse de la maison. On commence par faire de la musique, on chante une romance, la romance vous mène tout droit à la valse, et en Allemagne la valse peut mener à tout.

Malgré cela ou à cause de cela, si vous voulez, les femmes de la haute bourgeoisie sont fort adonnées aux soins de leur ménage. Quelques-unes ne craignent pas d'aider leurs domestiques dans l'exécution des travaux délicats de la cuisine. Quant à l'instruction générale, elle est incomparablement plus répandue parmi les femmes en Allemagne qu'en France. Les Allemandes font tout solidement, leurs études et leur cuisine. Elles se livrent avec un égal succès à la psychologie et au gigot aux pruneaux.

Elles ont, en outre, des connaissances assez étendues en histoire, en géographie et en physique. Presque toutes lisent et parlent le français, l'italien et l'anglais.

Nous voilà bien loin de la France où l'on se contente d'apprendre aux jeunes filles un français assez élémentaire, un peu de géographie, pas d'histoire, point de physique et beaucoup trop de piano.

Rien de bien remarquable parmi les édifices. Cependant, allez voir la cathédrale, — un musée de tombeaux splendides élevés en l'honneur des électeurs évêques et archevêques. De l'église, vous passez dans un cloître parfaitement conservé, malgré les boulets de canon dont il a été assailli dans les différents siéges que Mayence a eu à soutenir. Ce cloître est une splendide nécropole. On marche sur des tombes; les murs sont bossués par les reliefs des pierres tumulaires. La plus remarquable est celle de Frauenlob. Il chanta les femmes et les femmes furent reconnaissantes. Quand il mourut, les dames de Mayence voulurent porter son cercueil. Il y a vingt ans, une souscription fut ouverte parmi les Mayençaises qui firent ériger au Tasse rhénan un monument qui représente un cercueil orné d'une couronne. Encore un qui ne trouva qu'après la mort le repos et la gloire :

Cette plante tardive amante des tombeaux.

Un chemin de fer de douze lieues relie Mayence à Francfort, la ville électorale à la ville impériale. C'est un des plus gais parcours des bords du Rhin.

La locomotive ne saute pas par-dessus les vallées, elle n'éventre pas les montagnes : elle court à travers les pommiers, côtoie le Mein, reprend sa marche vers la plaine et s'arrête à tous les petits villages qu'elle rencontre sur sa route.

A ces stations encadrées de feuillage une jeune fille, je suppose que c'est Mignon, vient offrir au voyageur des pains longs, en chantant une mélopée bizarre et triste comme le chant d'une ballade allemande.

De toutes ces villes des bords du Rhin c'est Francfort qui frappe le plus le touriste. Francfort est vraiment la capitale du moyen âge. On ne trouvera nulle part ailleurs autant de rues bossues, tortues et contrefaites, autant de places étroites et incorrectes, autant de maisons boiteuses et borgnes, autant de carrefours, de zigzags, de sphinx, de nains, de géants, de diables, d'anges sculptés et de juifs en chair et en os.

Voici la rue des Juifs toute pleine de vieilles boutiques noires et profondes.

Voici l'écorcherie, un gigantesque étal de viandes fraîches; un peu plus loin est le marché.

Le marché occupe deux ou trois rues. Une fois engagé dans ce dédale de pommes de terre, dans ces montagnes de choux, dans ces gorges de légumes de toutes sortes, je vous défie d'en sortir.

On se coudoie, on se pousse; acheteurs et marchands se bousculent et je m'étonne comment les maisons de bois qui bordent ces ruelles décorées du nom de rues résistent au flux et au reflux des flots humains qui se heurtent pendant quatre heures.

Après le marché aux légumes, c'est le marché aux fruits, puis le marché au beurre, le marché aux fleurs, et l'on va ainsi de marché en marché, jusqu'à une petite place dont les maisons biscornues frapperaient de stupeur un habitant de la rue de Rivoli.

Quand on a passé quatre ou cinq jours à parcourir ces vieux quartiers, on acquiert la conviction qu'on ne les connaît absolument pas et l'on frémit, comprenant le danger, à l'idée de s'engager, sans guide, dans cet inextricable labyrinthe.

Le labyrinthe va nous mener par une association d'idées, tout droit à l'Ariane de Danecker.

Quand le touriste parisien arrive à Francfort, tous les porteurs de malles, tous les commissionnaires lui demandent aussitôt s'il a vu l'Ariane.

Allez donc voir l'Ariane, la statue la plus visitée de l'Europe. Elle est très-confortablement logée dans un hôtel qui se dresse au milieu d'un vaste jardin. Les Anglais ne manquent jamais d'aller faire leurs dévotions et de porter leur florin à ce morceau de marbre.

La figure de l'Ariane représente cet éternel type grec que l'on voit partout. Pourquoi donc ce concours de visiteurs? Voici la raison :

Le gardien baisse sur les carreaux de la fenêtre un morceau d'étoffe rouge qui tamise la lumière du jour et donne au marbre une transparence rose, puis il fait tourner la statue sur son socle.

A l'aide de cet ingénieux procédé et pour peu que le regard s'arrête pendant quelques minutes sur cette Ariane mobile, le marbre aux tons couleur de chair produit une sorte d'illusion facile à concevoir.

Le mouvement de rotation lui donne,

dans la pénombre, une apparence vivante. Ce n'est plus une statue qu'on a sous les yeux, mais une façon de femme nue, voluptueusement penchée sur une lionne héraldique.

Cette nudité académique, très-admirée par les Anglais, rappelle un peu les exhibitions secrètes de ces montreurs de figures de cire qui, moyennant cinq sous, en sus du prix ordinaire, vous conduisent dans un cabinet où est étendue une chose en cire, ayant l'apparence d'une femme qu'on dirait faite avec de la pommade détrempée dans du lait.

Au moment de sortir du boudoir de l'Ariane, le gardien vous prie poliment d'inscrire votre nom sur les pages d'un livre placé *ad hoc* au milieu d'une table.

Vous feuilletez cette espèce de *stud*

book et vous n'y voyez que des noms blasonnés.

Que de princes! Que de duchesses! Existe-t-il encore autant de marquis?

La moquerie française s'est égayée en passant sur ces feuillets stupides.

Deux de nos compatriotes ont éternisé dans la teneur suivante, le souvenir de leur visite à cette aphrodisiaque statue :

M. le marquis de Mascarille de Versailles (rive droite).

M. le vicomte de Jodelet de Versailles (rive gauche).

Le gardien a religieusement conservé ces noms sans se douter qu'ils faisaient tache sur son livre d'or.

De Francfort le touriste va jusqu'à Hombourg, s'il veut risquer quelques florins.

On a établi entre Francfort et Hombourg un brimborion de chemin de fer qui vous laisse à moitié route. Là les voyageurs sont empilés avec les paquets dans des omnibus, des pataches, des berlingots : une carrosserie carlovingienne. Ces pauvres paquets sont bien mal à leur aise.

En arrivant à Hombourg, les enseignes des boutiques apprennent bientôt au touriste que ce gros village est la capitale d'une principauté. Les cordonniers de la cour, les apothicaires de la cour, les boulangers de la cour, les épiciers de la cour, les opticiens, les bouchers et les bandagistes de la cour sont encore plus nombreux là qu'à Vienne ou à Paris.

A peine descendu de carriole, vous demandez au premier venu quel est le prince de Hombourg.

— Monsieur, vous répond-on, c'est Son Altesse Gustave-Frédéric, qui a succédé à son frère Philippe-Auguste, mort en odeur de sainteté; il porte le titre de landgrave de Hesse-Hombourg. Il a cinquante et quelques années, il est célibataire et il chasse toute la journée; c'est le plus rude chasseur de toute l'Allemagne. Il demeure là-bas, au bout de la deuxième rue à droite. Il y a une grille et une sentinelle.

Et si vous êtes un voyageur curieux, vous vous dirigez au débotté vers le palais du landgrave Gustave-Frédéric, successeur, s'il vous plaît, de Philippe-Auguste.

Le palais du landgrave est construit sur une colline qui domine la ville. Il est entouré d'un assez beau parc anglais dans lequel on rencontre quelques soldats hombourgeois, dont le plus grand amusement consiste à faire des ronds dans les bassins. Au fait, il faut bien que ces militaires s'occupent à quelque chose. Le landgrave a quarante soldats, autant de soldats que l'Académie française a d'immortels.

Gustave-Frédéric n'habite pas son palais; il loge dans un pavillon séparé du principal corps de logis.

Au premier abord cela annonce de la part de ce souverain des goûts simples.

Voici la raison de cette simplicité.

L'étiquette ne permet pas que l'on visite les appartements quand ils sont occupés par le prince. Or, il est bon de dire que chaque étranger paye un florin pour contempler les splendeurs de cette maison seigneuriale. En admettant une moyenne de cinquante visiteurs par jour, on comprend... le pavillon isolé.

Cette ville de Hombourg dont il est tant question à chaque renouvellement de saison dans la quatrième page des journaux, est grande comme un mouchoir de poche.

Ce n'est qu'une maison de jeu, mais c'est la plus fréquentée de l'Europe, par cette simple raison que l'avantage de la banque contre les joueurs a été diminué de moitié; la roulette de Hombourg a un zéro de moins que les roulettes rivales.

Dans la plupart des autres villes de jeu d'Allemagne, à Ems, à Wiesbaden, etc., on se baigne beaucoup et on joue peu. A Hombourg on joue énormément et on ne se baigne pas, quoiqu'il y ait un magnifique établissement de bains.

Voyez cet établissement, ce palais thermal à voyageurs curieux; promenez-vous dans cette morne solitude, les araignées comptent tellement sur l'absence des baigneurs qu'elles filent spirituellement leurs toiles au fond des baignoires.

Le Cursaal est bâti de marbre et d'or; c'est le plus riche palais qui ait encore été élevé au dieu de la roulette et du trente et quarante.

Quant au jardin, il n'existe, pour ainsi dire pas, en vingt-cinq pas on le traverse et l'on tombe aussitôt sur une grande route poudreuse.

Le plus lucratif métier à Hombourg est celui de prêteur sur gage.

Chaque année deux ou trois maisons se remplissent d'objets précieux, bijoux, diamants, montres, chaînes d'or que des joueurs peu favorisés sont obligés de mettre en pension pour pouvoir retourner dans leur pays.

Le mont-de-piété fait fortune dans ce petit coin de terre qui reçoit la visite de toutes les monnaies et qui les garde.

Frédéricks d'or, guillaumes, souverains, piastres, napoléons, florins, thalers, écus de cinq francs et pièces de quarante sous, on fait bon accueil aux petites comme aux grosses, aux jaunes comme aux blanches pourvu qu'elles aient le poids et le cours légaux.

Cette microscopique principauté de Hesse-Hombourg a trois ou quatre villages où l'on parle le français, mais le pur français du siècle de Louis XIV.

Tels sont entre autres Friedrichsdorf et Dornholzhauzen, habités par des descendants de ces infortunés que la révocation de l'édit de Nantes jeta à la porte de leur patrie.

Sur toutes les maisons de ces villages on lit avec étonnement des inscriptions françaises, et ce n'est pas sans une certaine émotion qu'on retrouve tout à coup sa langue maternelle dans des bourgades ignorées de l'Allemagne.

Vous peindrez-vous, dit M. Gérard

de Nerval, toute notre surprise, en entendant de petits enfants jouant sur la place de l'Église, qui parlaient la langue de Saint-Simon et se servaient, sans le savoir, des tours surannés du grand siècle ? Nous en fûmes tellement ravis, que voulant mieux les entendre parler, nous arrêtâmes une marchande de gâteaux pour leur distribuer toute sa provision. Après le partage, ils se mirent à jouer bruyamment sur la place, et la marchande nous dit : « Vous leur avez fait *tant de joye* que les voilà qui courent *présentement* comme des *Harlequins.* » Il faut remarquer que le nom d'Arlequin s'écrivait ainsi du temps de Louis XIV, avec un *h* aspiré, comme on peut le voir notamment dans la comédie des *Comédiens de Scudéri.* »

De Hombourg le voyageur, après

avoir jeté un coup-d'œil sur Heidelberg et Carlsrhue, se rend à Bade, ce paradis terrestre établi aux portes de Strasbourg.

La Suisse présente aux amateurs des grandes scènes de la nature des spectacles plus vastes, mais elle n'offre pas une végétation plus luxuriante, des tapis de verdure plus frais, des eaux plus limpides. Où trouver partout ailleurs tant de contrastes réunis sur un si petit espace? Tous les charmes de la solitude, tous les plaisirs du monde.

La promenade de Lichtenthal est tout simplement la grande avenue des Champs-Élysées transportée par un coup de baguette à la frontière de France. Dans cette allée sillonnée d'équipages et de cavaliers, le touriste reconnaît tout son monde de Paris. La grande dame, paresseusement couchée dans sa calèche; le dandy, avec son lorgnon dans l'œil; le boursier enrichi, dans son tilbury et M. Meyerbeer sur son âne. L'auteur de *Robert* n'a qu'un ennemi au monde, c'est le soleil, aussi pour éviter les atteintes de cet ennemi, il a un grand chapeau de paille sur la tête, un large parasol au-dessus de son chapeau, et je ne suis pas bien sûr qu'il ne porte pas une tente par-dessus son parasol. Du reste, toujours par monts et par vaux et toujours à califourchon sur son âne, qu'il soit à Bade, à Spa, à Wiesbaden ou à Ems. Un jour Jules Janin rentrant chez lui, demande à sa domestique si quelqu'un est venu le voir. — Oui, il est venu le vieux monsieur qui monte à cheval sur un âne avec un parapluie. Vanité de la gloire! Soyez donc l'homme le plus célèbre de l'Europe, pour qu'on dise en parlant de vous : « Ce vieux monsieur. »

Dans cette promenade où tout passe, où l'on se regarde, où l'on se hait, où l'on s'admire, où l'on se déchire, où l'on se sourit, on voit toutes les comtesses en *ka*, toutes les duchesses en *took* et tous les princes en *aff* du *stud-book* européen. Je ne parle pas de ces autres princesses qui sont encore plus nombreuses là qu'ailleurs, les marquises d'Amathonte, les baronnes de Paphos et d'Idalie, toute la grandesse des jeux de l'amour et du hasard.

Le soir vous retrouverez toutes ces transfuges de Bréda-square pâles et haletantes dans leur salon de réunion, le salon du *Tourniquet : rouge, impair et passe*. L'or s'éparpille sur la table et saute de la bourse du ponte dans la sébile du banquier. Les *Camélias* ten-

tent toutes sortes de combinaisons ingénieuses et grâce à la galanterie des joueurs cosmopolites, on peut dire que le destin n'a pas de rigueur pour ces belles passagères.

Le grand avantage des villes de plaisance des bords du Rhin, c'est qu'elles sont à quelques heures de Paris. Il y a deux ans il fallait passer deux jours et une nuit pour aller à Strasbourg. Il y a quarante ans, Fourier avait prédit du haut de son Sinaï cosmogonique, la ruine de la diligence et l'abaissement de la malle-poste. Ses contemporains accueillirent cette prédiction par un immense éclat de rire. Comme tous les prophètes, Fourier avait enveloppé sa pensée dans des phrases apocalyptiques ; la locomotive lui était apparue dans l'extase de sa vision sous la forme d'un gigantesque animal qu'il baptisa *antilion.* « Sur le dos de ce porteur élastique, disait-il, le voyageur plus commodément assis que dans une voiture suspendue, partira de Paris, déjeunera au Havre et se confiant à une *antibaleine* ira dîner à Londres. » Qui peut nier aujourd'hui l'existence de l'antilion et de l'antibaleine? l'un n'est-il pas le chemin de fer et l'autre le bateau à vapeur? les poëtes, ces fous du temps présent, sont les seuls hommes sérieux de l'avenir.

XI.

Les vacances des hommes d'Etat.

Il fut un temps où les historiens, les anciens ministres, les ex-diplomates, tous ceux qui avaient été ou voulaient devenir hommes d'État, allaient, chaque année, visiter les champs de bataille de l'Empire. C'était M. Thiers qui avait mis les champs de bataille à la mode. L'auteur de l'*Histoire du Consulat* ayant été étudier sur place la stratégie napoléonienne, c'était à qui, parmi les aspirants au portefeuille, se précipiterait vers les plaines de Valmy, de Marengo ou d'Austerlitz ; dans une de ses pérégrinations, M. Thiers s'arrêta un soir dans une petite ville du Luxembourg. Le bourgmestre lui dit, en façon de compliment, que ses concitoyens comptaient depuis une vingtaine d'années parmi eux un vieillard marseillais qui remplissait les honorables fonctions d'instituteur.

— Quel est son nom? demanda M. Thiers.

— Il se nomme Margas.

— Margas ! veuillez me conduire auprès de lui.

— Vous ne me connaissez pas, mon brave homme? demanda M. Thiers quand il fut en face du vieillard.

— Non, Monsieur.

— Vous ne vous rappelez pas le petit

Adolphe Thiers, un de vos anciens écoliers de Marseille.

— Attendez donc, dit le vieillard, le petit Thiers.... oui, je me souviens de ce nom-là.... un petit rusé.

— C'est cela.

— Ah! c'est vous; je suis bien content de vous voir. Eh bien! avez-vous fait vos affaires?

— Mais oui, répond l'ex-ministre.

— Vous avez un bon état?

— Assez bon, je vous remercie.

— Allons, tant mieux; moi, je suis bien cassé, je ne pourrai plus retourner au pays, mais si vous allez à Marseille, dites bien des choses pour moi à tous ceux que j'ai connus là-bas.

M. Thiers promet de remplir sa commission et lui demande s'il est heureux.

— Pas trop, les écoliers deviennent rares; alors M. Thiers glisse quelques pièces d'or dans la main du bonhomme, et il se dispose à se retirer, lorsque celui-ci lui dit :

— Pardonnez-moi ma curiosité, je voudrais bien savoir ce que vous faites. Êtes-vous notaire, banquier, commerçant?

— Je suis retiré des affaires, répond l'homme d'État, mais j'ai été ministre.

— Protestant, interrompit le vieux Margas!

O grands hommes qui croyez à votre réputation, allez passer de temps en temps vos vacances dans le Luxembourg.

XII.

Les vacances des artistes.

Ce ne sont pas seulement les écoliers, les gens du monde, les hommes d'État et les magistrats qui vont courir le pretentaine quand arrive le mois de septembre. Toute la cohorte des paysagistes se met aussi de la partie, et, armés de leurs pinceaux et de leur parasol à couverture blanche, ils vont s'égarer dans la forêt de Fontainebleau.

Barbison est un petit village perdu au beau milieu de la forêt. Ce village n'a rien de remarquable au premier abord. Une rue composée d'une trentaine de maisons, une mare où viennent fraternellement folâtrer les canards des différents propriétaires et une douzaine de polissons — espérance de l'endroit — qui vous regardent passer en écarquillant les yeux, tel est le spectacle simple et pastoral qui s'offre à vos regards.

Mais ce petit village, inconnu sur les cartes géographiques et dédaigné des touristes, est le quartier général des peintres pendant les vacances. C'est là que les paysagistes viennent s'installer par trentaines. Sans les artistes parisiens l'unique auberge de Barbison serait un luxe, une superfluité. Là, le paysagiste est à une heure de chemin du Bas-Bréau, à un kilomètre de Franchard, à une portée de fusil des gorges d'Apremont, ces lieux classiques du paysage, ces domaines vénérés de la nature séculaire.

L'aubergiste de Barbison a tiré un excellent parti de l'époque des vacances des artistes, comme vous allez en juger.

Un jour, dans un moment de désœuvrement et de belle humeur, Decamps s'amusa, en fumant son cigare, à brosser une fresque sur la muraille de l'hôtellerie. Jadin peignit un chien en dessus de porte. Rousseau jeta sur une boiserie un de ces vigoureux paysages comme lui seul, après Dieu, sait les faire, puis Diaz à son tour fit reluire sur un des panneaux vierges toute la magie de sa merveilleuse palette. L'élan était donné, le musée de Barbizon allait prendre des proportions gigantesques.

L'aubergiste fit couvrir ses trois chambres de panneaux, bien certain qu'avant quelques années il posséderait une collection des plus curieuses. A l'heure qu'il est, les panneaux de l'auberge de Barbison sont signés des noms les plus célèbres de la peinture moderne. Leleux, Français, Aligny, Muller, Edmond Hédoin, Corot, toutes les illustrations de l'école contemporaine ont passé par l'auberge de Barbison, transformée en musée, et qui possède même, si je ne me trompe, un colossal cuirassier de Charlet. Heureux aubergiste, sa collection lui attire chaque jour de nombreux visiteurs, et bien des principicules allemands voudraient, comme lui, pouvoir se promener au milieu d'une galerie qui s'enrichit tous les ans de nouveaux chefs-d'œuvre.

XIII.

Les baigneuses.

Et les baigneurs, direz-vous, est-ce qu'il n'en sera pas question? eh! mon Dieu! la moitié de Paris va, sous prétexte de santé, danser à Vichy, se promener à Bagnères-de-Luchon, et prendre des bains à Trouville, à Luc, à Boulogne, à Ostende, au Tréport. Depuis quelques années le *high life* a adopté

Dieppe, cette ville de bains inventée il y a près d'un quart de siècle par la duchesse de Berry. Chaque semaine les trains de plaisir conduisent à Dieppe une population nomade. Ajoutez à cela le paquebot anglais qui arrive tous les deux jours de New-Haven avec une variété très-complète d'insulaires. Êtes-vous curieux des détails que l'on mène pendant l'été dans la patrie d'Ango? On s'y lève dès l'aurore, et, vers neuf heures, on se rencontre dans le jardin des bains qui possède pour toute végétation un mât de cocagne et un attirail gymnastique. C'est là que les dames se baignent sur des airs connus. Triste spectacle! la plus belle moitié du genre humain ne gagne pas à être vue dans ce galant déshabillé. Quel est donc ce troisième sexe qui nous apparaît? Les flots veulent-ils se venger d'avoir donné naissance à Vénus? Ces naïades coiffées d'un affreux serre-tête en toile cirée et encapuchonnées dans une blouse noire, ont cependant les honneurs du binocle. Le croirait-on? il se trouve là des friands qui apportent des télescopes au lieu de regarder par le gros bout de la lorgnette.

Dans la journée, le spectacle est plus attrayant; l'heure arrive de la grande exhibition des toilettes; beaucoup de frais visages, de riches épaules, beaucoup de dentelles, de mousselines, complaisant attirail qui pare si bien et qui habille si peu. Sur le fond de la société se détachent là, comme partout ailleurs, quelques dames de marbre, danseuses fatiguées échappées des bosquets d'Amathonte et du château d'Asnières. Mais voyez l'esprit de contradiction, elles se parent en matrones romaines; il faut retourner pour elles le vers de Martial :

Parties Hélènes, elles reviennent Pénélopes.

Ce qui était le contraire à Baïa, comme chacun sait.

XIV.

Un dernier mot.

Heureux ceux qui peuvent se permettre des vacances!

J'en connais pour qui ce mot de vacances est un mot sans signification ! Ce sont les employés d'administrations publiques et surtout privées, les médecins, les journalistes, les croque-morts, et les auteurs des *Petits-Paris*.

TABLE.

I.	Prolégomènes..................	3
II.	La vie à la campagne.............	5
III.	La petite propriété parisienne à la campagne...................	9
IV.	Le chasseur...................	12
V.	Quelques réflexions.............	18
VI.	Sur la grande route.............	22
VII.	Un mot au lecteur..............	24
VIII.	En chemin de fer...............	30
IX.	En bateau à vapeur.............	35
X.	Impressions de voyages..........	38
XI.	Les vacances des hommes d'État.	73
XII.	Les vacances des artistes........	77
XIII.	Les baigneuses.................	81
XIV.	Un dernier mot.................	84

Imprimerie de Ch. Lahure (ancienne maison Crapelet) rue de Vaugirard, 9, près de l'Odéon.

LIBRAIRIE D'ALPHONSE TARIDE,
Galerie de l'Odéon.

LES HOMMES
DE LA
GUERRE D'ORIENT

PAR

EDMOND TEXIER

En vente :

1. L'empereur Nicolas.
2. L'amiral Napier.
3. Schamyl.
4. Omer-Pacha.
5. Menchikof.
6. Abdul-Medjid.
7. Le maréchal de St-Arnaud.
8. Le maréchal Paskewitsch.
9. L'amiral Hamelin.
10. Le roi Othon.
11. Le prince du Monténégro.
12. L'empereur d'Autriche.
13. Lord Raglan.
14. Parseval-Deschênes.
15. Reschid-Pacha.
16. Le roi de Prusse.
17. La reine d'Angleterre.
18. Gorschakoff.
19. L'amiral Dundas.

Chaque Biographie se vend 50 centimes.

Sous presse :

De Nesselrode.
Drouyn de Lhuys.
Le grand-duc Constantin.
Le comte Orloff.
Lord Clarendon.

Lord Aberdeen.
Lord Palmerston.
Le duc de Cambridge.
Le général Prim.
Etc., etc., etc.

GÉOGRAPHIE
DU THÉATRE DE LA GUERRE

ACCOMPAGNÉE

DE TROIS CARTES COMPLÈTES COLORIÉES

DE LA BALTIQUE, DU DANUBE, DE LA MER NOIRE

ET ORNÉE

des plans des principales villes du théâtre de la guerre,

suivie d'un tableau
des étapes de Constantinople et d'Andrinople à Schoumla
et aux grandes villes du Danube,

PAR

V. A. MALTE-BRUN,

professeur d'histoire et de géographie au collége Stanislas

1 volume in-12 de près de 100 pages. — Prix, 1 fr. 50.

L'ÉCHO
DE LA GUERRE

BALTIQUE. — DANUBE. — MER NOIRE

Par LÉOUZON LE DUC.

1 volume in-4°, illustré de 36 gravures, dessinées par Lalaisse, Belaif, etc., et gravées par Best; d'un grand nombre de plans du théâtre de la guerre et accompagné des **Cartes complètes de la Baltique, du Danube et de la mer Noire.**

PRIX : 1 FR. 50 C.

LES PETITS-PARIS

PAR LES AUTEURS
DES MÉMOIRES DE BILBOQUET.

Liste des Petits-Paris :

- Paris-Boursier.
- Paris-Comédien.
- Paris-Journaliste.
- Paris-Lorette.
- Paris-Restaurant.
- Paris-Grisette.
- Paris-Étudiant.
- Paris-Bohème.
- Paris-Troupier.
- Paris-Prêtre.
- Paris-Portière.
- Paris-Canaille.
- Paris-Millionnaire.
- Paris-Propriétaire.
- Paris-Voleur.
- Paris-Joueur.
- Paris-Saltimbanque.
- Paris-Solliciteur.
- Paris-en-omnibus.
- Paris-Farceur.
- Paris-Fleuriste.
- Paris-Dame de charité.
- Paris-Médecin.
- Paris-Croque-mort.
- Paris-Tartufe.
- Paris-Flâneur.
- Paris-Débiteur.
- Paris-Misère.
- Paris-Toqué.
- Paris-Petits-métiers.
- Paris-Vaudevilliste.
- Paris-Moutard.
- Paris-Domestique.
- Paris-Mariage.
- Paris-Bas-bleu.
- Paris-Prophétique.
- Paris-Prolétaire.
- Paris-........ un de plus.
- Paris-Musicien.
- Paris-Rapin.
- Paris-Grande-Dame.
- Paris-Fumeur.
- Paris-Viveur.
- Paris-Bric-à-Brac.
- Paris-Canotier.
- Paris-Surnuméraire.
- Paris-Notaire.
- Paris-Masqué.
- Paris-Prisonnier.
- Paris-Inconnu.

Chaque Petit-Paris forme un joli volume in-18.
Prix : 50 centimes.

(Tous ces ouvrages sont entièrement inédits.)

CARTE GÉNÉRALE ET COMPLÈTE COLORIÉE
DU THÉATRE DE LA GUERRE,

Contenant une carte de la Baltique, du Danube, de la mer Noire, les plans de Silistrie, Schoumla, Saint-Pétersbourg, Constantinople, Sébastopol, Odessa, Cronstadt et Helsingfors; et accompagnée de **huit jolis portraits coloriés**, représentant : l'Empereur des Français, la reine d'Angleterre, l'empereur de Russie, le Sultan, l'empereur d'Autriche, le roi de Prusse, le roi de Grèce et Schamyl.

Une feuille de 78 centimètres de hauteur sur 58 de largeur,

Prix, 1 fr. 50 centimes.

CARTES
de la Baltique, du Danube et de la mer Noire,

dressées par BINETEAU, ingénieur géographe.

Chaque Carte coloriée, de 28 centimètres de hauteur, sur 37 centimètres de largeur, se vend 50 cent.

SÉRIE DES PRINCIPAUX PLANS
du théâtre de la guerre.

EN VENTE AU 1ᵉʳ JUIN :

Silistrie, — Schoumla, — Saint-Pétersbourg, — Cronstadt, — Sébastopol, — Odessa, — Constantinople, — Helsingfors.

Chaque plan colorié de 26 cent. de largeur sur 16 de hauteur.

Prix de chacun, 25 centimes.

Ch. Lahure, imprimeur du Sénat et de la Cour de Cassation (ancienne maison Crapelet), rue de Vaugirard, 9.

LISTE DES PETITS-PARIS :

- Paris-Boursier.
- Paris-Comédien.
- Paris-Journaliste.
- Paris-Lorette.
- Paris-Restaurant.
- Paris-Bohème.
- Paris-Grisette.
- Paris-Gagne-petit.
- Paris-Actrice.
- Paris-en-Vacances.
- Paris-Viveur.
- Paris-Portière.
- Paris-Étudiant.
- Paris-Troupier.
- Paris-Prêtre
- Paris-Canaille.
- Paris-Millionnaire.
- Paris-Propriétaire.
- Paris-Voleur.
- Paris-Joueur.
- Paris-Saltimbanque.
- Paris-Solliciteur.
- Paris-en-omnibus.
- Paris-Farceur.
- Paris-Fleuriste.
- Paris-Dame de charité.
- Paris-Médecin.
- Paris-Croque-mort.
- Paris-Tartufe.
- Paris-Flâneur.
- Paris-Débiteur.
- Paris-Misère.
- Paris-Toqué.
- Paris-Vaudevilliste.
- Paris-Moutard.
- Paris-Domestique.
- Paris-Mariage.
- Paris-Bas-bleu.
- Paris-Prophétique.
- Paris-Prolétaire.
- Paris-.... un de plus.
- Paris-Musicien.
- Paris-Rapin.
- Paris-Grande-Dame.
- Paris-Fumeur.
- Paris-Bric-à-Brac.
- Paris-Canotier.
- Paris-Surnuméraire.
- Paris-Notaire.
- Paris-Inconnu.

CONDITIONS DE LA SOUSCRIPTION :

Chaque Petit-Paris formera un joli volume in-18 de 50 cent.

Les personnes de la Province qui enverront un mandat de *six francs* sur la poste à l'éditeur recevront *franco* à leur domicile les dix premiers volumes.

Imprimerie de Ch. Lahure (ancienne maison Crapelet)
rue de Vaugirard, 9, près de l'Odéon.

www.ingramcontent.com/pod-product-compliance
Lightning Source LLC
LaVergne TN
LVHW050555090426
835512LV00008B/1170